D1351866

Abwarten bringt schöne Tage.

Fernöstliche Weisheit

Das Zeitliche und Sichtbare hat nicht Bestand und Wert. Was unsichtbar und geistig ist, das nur ist fest und ewig.

Matthias Claudius

Von zwei Übeln wird niemand das größere wählen, wenn er das kleinere wählen kann.

Platon

Etwas falsch machen, aber sich nicht bessern, das erst ist ein Fehler.

Konfuzius

Es mag sein, dass wir durch das Wissen anderer gelehrter werden. Weiser werden wir nur durch uns selbst.

Michel de Montaigne

Versuche nicht Stufen zu überspringen. Wer einen weiten Weg hat, läuft nicht.

Paula Modersohn

In unendlich mannigfacher Weise
hängen unsere Gedanken ab von den
Gedanken anderer. Keiner vermag allein
aus sich heraus zu denken.

Hans Margolius

Erfahren muss man stets,
Erfahrung wird nie enden,
und endlich fehlt die Zeit,
Erfahrenes anzuwenden.

Friedrich Rückert

Wer fest steht, entschlossen ist und
ein schlichtes Wesen hat,
ist nahe dran, vollkommen zu sein.

Konfuzius

Wenn man sich zu lange in engen,
kleinen Verhältnissen herumdrückt,
so leidet der Geist und Charakter; man
wird zuletzt großer Dinge unfähig und
hat Mühe, sich zu erheben.

Johann Peter Eckermann

Mache dich nur von den Vorurteilen los, und du bist gerettet.
Wer hindert dich aber, dich davon loszumachen?

Marc Aurel

Ich habe stets beobachtet, dass man, um Erfolg in der Welt zu haben, närrisch scheinen und weise sein muss.

Montesquieu

Wie glücklich viele Menschen wären, wenn sie sich genauso wenig um die Angelegenheiten anderer bekümmerten wie um ihre eigenen!

Georg Christoph Lichtenberg

Unsere Wünsche sind wie kleine Kinder: Je mehr man ihnen nachgibt, um so anspruchsvoller werden sie.

Fernöstliche Weisheit

Die Menschen sind so einfältig und so auf die Nöte des Augenblicks eingestellt, dass einer, der sie täuschen will, immer einen findet, der sich täuschen lässt.

Niccoló Machiavelli

Alles Gescheite ist schon gedacht worden, man muss nur versuchen, es noch einmal zu denken.

Johann Wolfgang von Goethe

Ein bitterer Apfelbaum trägt saure Äpfel, auch wenn man ihn mit Honigwasser begießt.

Aus dem Iran

Nicht Perlen und Jade, sondern die fünf Feldfrüchte sind echte Kostbarkeiten.

Aus China

Wo Leib und Seele miteinander in Eintracht sind, sind alle Werke dem Menschen süß und lustvoll.

Meister Eckhart

In der Reihe der Mini-Perlen sind lieferbar:

Zum Geburtstag herzliche Segenswünsche (92566)
Ein lieber Gruß für dich (92580)
Gute Wünsche zur Konfirmation (92582)
Herzliche Glückwünsche (92593)
Stilles Glück am Wegesrand (92502)
Aus der Hoffnung leben (92503)
Gedanken heiterer Lebensfreude (92504)
Lebensweisheiten für jeden Tag (92509)
Gute Tage der Genesung (92510)
Zum Geburtstag viel Glück (92521)
Danke (92528)
Für das Geburtstagskind (92531)

Weisheiten für jeden Tag (92535)
Kleine Lichtstrahlen (92536)
Liebe Grüße für dich (92538)
Trostgedanken (92539)
Wunder des Lebensglücks (92540)
Ein lieber Geburtstagsgruß (92547)
Sonnenstrahlen für dich (92548)
Ein kleines Dankeschön (92550)
Mit herzlichen Grüßen (92551)
Heute den Augenblick genießen (92552)
Für einen einzigartigen Menschen (92553)
Kraft zum Leben wünsch ich dir (92554)
Ein Strauß mit weisen Worten (92555)

Bildnachweis:
Umschlagbild: N. Kustos; S. 1, 3: R. Blesch; S. 5: U. Schneiders; S. 7: G. Gölz; S. 9: H. Baumann;
S. 11: V. Rauch; S. 13: Ch. Palma; S. 15: R. Eisele

Textauswahl: Roland Leonhardt
Mini-Perlen 92 535 · 3. Auflage 2003
© 2002 by SKV-EDITION, Lahr/Schwarzwald
Gesamtherstellung: St.-Johannis-Druckerei, Lahr/Schwarzwald